Kurze Texte zum Abschreiben 6

Das Rechtschreibtraining!

Eine Übungskartei

von Karin Pfeiffer

LENDERSDORFER TRAUMFABRIK

Stolz Verlag
Edition Lendersdorfer Traumfabrik

www.stolzverlag.de

Rechtschreiben lernen durch Abschreiben?

Ja, wie denn sonst!

Richtig schreiben lernt man durch Nachahmen (Abschreiben) und Üben. Und weil dies so ist, dürft ihr alle zuversichtlich sein! Freilich muss eines gesagt werden: Haben sich schlechte Schreibgewohnheiten und Rechtschreibfehler einmal häuslich eingenistet, sind Korrekturen mühsam und verlangen viel Geduld und Fleiß. Wer nach dem hier vorgestellten Konzept übt und diese Übungspraxis beibehält, wird nach einiger Zeit mit dauerhaftem Erfolg belohnt.

Durch Einschleifen korrekter Wortbilder wird allmählich ein „innerer Duden" aufgebaut, der Umfang des persönlichen Wortverzeichnisses nimmt zu. Das Einschleifen richtiger Wortmuster soll stets in einen Sinnrahmen gestellt werden. Eine bloße Paukerei von zusammenhanglosen Listenwörtern auf Karteikarten oder in Tabellen bringt nur mäßigen Lernzuwachs. Hingegen erhalten die in Geschichten und Sätzen eingebetten Wörter Leben; sie bekommen eine Aura. Wörter haften dann am leichtesten im Gedächtnis, wenn wir sie mit Ort und Zeit und einem Geschehen in Verbindung bringen können. Sie sprechen dann das Gefühl an. Wir Menschen lernen nur das, womit wir emotional verbunden sind.

Wem es ernst damit ist, sich in der Rechtschreibung verbessern zu wollen, schreibe täglich einen kurzen Text oder einige Sätze aufmerksam ab. Mit einzelnen, schwierigen Wörtern sollen dann eigene Sätze gebildet und aufgeschrieben werden. Wer mit Sorgfalt und Aufmerksamkeit übt, wird rasch seine Rechtschreibung verbessern.

Kraft und Ausdauer beim Üben sowie den ersehnten Lernerfolg wünscht euch allen

Karin Pfeiffer

Und so lernen wir mit den Übungskarten:

1. DIN-A5-Karte ausschneiden, auf die Arbeitsfläche legen.
2. Wortgruppe oder Satz genau ansehen, in der Vorstellung abschreiben.
3. Beim anschließenden Schreiben den Text mit der linken Hand abdecken. *(Linkshänder decken beim Schreiben den Text mit dem Unterarm ab.)*
4. Sofort kontrollieren, Fehler umgehend berichtigen – durch Mehrfachschreiben die korrekte Schreibweise einüben; dazu ein Schulheft benutzen.
5. Denselben Text nach einer Woche noch einmal abschreiben.
6. Einen Tag danach den Text als Diktat schreiben.

Merke:

Beim Üben sind Gegenüberstellungen von ähnlichen Schreibweisen unbedingt zu vermeiden. Sie verwirren dich nur! Verwechselst du zum Beispiel oft „fiel" mit „viel", dann gehe beim Üben so vor: Wähle eines der beiden Wörter aus, zum Beispiel „fiel". Dieses Wort übst eine Weile in verschiedenen Sätzen:
Er <u>fiel</u> hin. Es <u>fiel</u> mir nicht ein. Ich <u>fiel</u> auf den Scherz herein. Regen <u>fiel</u>. Niemandem <u>fiel</u> etwas auf. Und so weiter.
Erst wenn die richtige Schreibung von „fiel" sitzt, kannst du damit beginnen, das Wort „viel" zu üben.

So wirst du beim Schreiben sicher.

Inhalt

Übungsschwerpunkte

fallen – fiel

Name, Datum

Es ist Herbst, die Kastanien fallen von den Bäumen.
Es ist Nacht, ein Stern fällt vom Himmel.
Pass auf, dass du nicht hinfällst! Bist du gefallen?
Emils stolperte und fiel hin.
Zwei Frauen stolperten über Emil und fielen auch hin.
Niemandem hat das gefallen.
fallen – fiel – gefallen

Schreibe 5 eigene Sätze auf. Achtung: schreibe alle Formen von „fallen“ mit f!

pfeifen – Pfeife

Name, Datum

Es gibt verschiedene Pfeifen. Nicht auf allen kann man pfeifen. Manche Pfeifen sind zum Rauchen da.
Andere Pfeifen bringen Töne hervor. Man kann auf ihnen pfeifen. Eine Hundepfeife pfeift so hoch, dass nur der Hund den Ton hört.
Auch mit den Lippen kann man pfeifen. Pfeif mal wieder!

Denke dir 5 eigene Sätze mit den Übungswörtern aus und schreibe sie auf.

sieht (sehen)

Name, Datum

Vom meinem Fenster aus kann ich den Berg sehen. Der Berg sieht aus wie eine schlafende Hexe. Den Gipfel sieht man nur bei schönem Wetter. Von hier aus sieht man die Burg nicht. Aber siehst du den Hügel dort drüben? Von dort aus sieht man sie gut. Sieh mal, die Blumen!

Denke dir 5 eigene Sätze mit den Übungswörtern aus und schreibe sie auf.

verloren (verlieren)

Name, Datum

Wer etwas verloren hat, fragt auf dem Fundbüro nach. Was hast du verloren? Hast du deine Geldbörse verloren? Jeder verliert hin und wieder etwas. Wir haben schon viel zu viel Zeit verloren. Die Mannschaft hat verloren. Diese Wette hast du jetzt verloren!

Denke dir 5 eigene Sätze mit „verloren" aus und schreibe sie auf.

Stolz Verlag Kurze Texte zum Abschreiben 6. Sj. Best.-Nr. 436

erschrak

Name, Datum

Als die Uhr eins schlug,
erschraken alle im Palast.
Es erschrak der Minister.
Es erschrak der Sekretär.
Es erschraken der Fürst
und sein Schatzmeister.
Es erschraken die Damen
und die Zimmerzofen.
Sie alle erschraken.
Sie schauten einander
erschrocken an.

Denke dir 5 eigene Sätze mit „erschrak“ aus und schreibe sie auf.

kam

Name, Datum

In den folgenden Jahren kam eine große Dürre über das Land. Und mit ihr kam das Elend. Es kamen Hunger und Krankheit. Weiteres Unheil kam über die Menschen, schlimmer noch als die bisherige Not: Gesetzlosigkeit, Gewalt und Angst. Eines Tages kam ein Fremder angeritten.

Die Vergangenheitsform von „kommen“ wird mit drei Buchstaben geschrieben: kam. Schreibe 5 Sätze mit dem Übungswort auf.

Reißverschluss

Name, Datum

Der Reißverschluss ist nicht viel älter als 150 Jahre. Bevor es den Reißverschluss gab, wurde Kleidung mit Hilfe von Bändern und Knöpfen zusammengehalten. Es gibt Reißverschlüsse aus Metall und Reißverschlüsse aus Plastik. Für Regenjacken werden wasserdichte Reißverschlüsse verwendet.

Denke dir 5 eigene Sätze mit dem Übungswort aus und schreibe sie auf.

außer, außerdem

Name, Datum

Der Zug fährt täglich, außer an den Wochenenden. Mutter hat Eile, sie arbeitet tagsüber außer Haus. Außerdem muss sie das Haus in Ordnung halten. Jörg hat in allen Fächern Einsen außer im Turnen. Zieh dich warm an, es ist kalt draußen, außerdem regnet es heftig.

Denke dir 5 eigene Sätze mit den Übungswörtern aus und schreibe sie auf.

blitzschnell

Name, Datum

Der Läufer verschwindet
blitzschnell hinter der
Hausecke.
Der Radfahrer saust
blitzschnell hinterher.
Beide sind blitzschnell
unterwegs.
Blitzschnell schnappt der
hungrige Hund das Fleisch,
und blitzschnell hat er es
verschlungen.

Denke dir 5 eigene Sätze mit dem Übungswort aus und schreibe sie auf.

galoppieren

Name, Datum

Der Galopp ist eine schnelle
Gangart des Pferdes.
Das Pferd galoppiert.
Wenn ein Pferd galoppiert,
sieht es so aus, als würde
es springen.
Hopp, Pferdchen, lauf
Galopp – mit Doppel-p.
Es scheint, als berührten die
Hufe kaum den Boden, so
schnell galoppiert das Pferd.

Denke dir 5 eigene Sätze mit dem Übungswort aus und schreibe sie auf.

endgültig

Name, Datum

Wenn etwas gilt, und zwar für immer, dann sagen wir, es ist endgültig. Was bis zum Ende gilt, ist endgültig.
Es ist kühler geworden, der Sommer ist endgültig vorbei.
Das Konzert wurde endgültig abgesagt.
Unser Computer hat jetzt wohl endgültig den Geist aufgegeben.

Denke dir 5 eigene Sätze mit „endgültig“ aus und schreibe sie auf.

am besten

Name, Datum

Es ist am besten, wenn wir den Bus um acht nehmen.
Das ist deshalb am besten, weil wir dann genug Zeit haben, um am Bahnhof eine Fahrkarte zu kaufen.
Emmi spielt gut Gitarre.
Aber Moni spielt besser.
Am besten aber, da sind sich alle einig, spielt Jürgen.
Am besten: das schreiben wir klein.

Denke dir 5 eigene Sätze mit „am besten“ aus und schreibe sie auf.

Stolz Verlag Kurze Texte zum Abschreiben 6. Sj. Best.-Nr. 436

persönlich

Name, Datum

Was dich selbst betrifft, das ist persönlich.
Maria hat einen Brief bekommen, der an sie persönlich adressiert ist.
Schau mal, da drüben steht der Minister persönlich!
Meine persönlichen Sachen habe ich weggeschlossen.
Dazu habe ich meine ganz persönliche Meinung.

Denke dir 5 eigene Sätze mit „persönlich“ aus und schreibe sie auf.

ziemlich

Name, Datum

Der Klavierlehrer meint, das klinge schon ziemlich gut.
Dabei ist es sogar ein ziemlich schwieriges Stück.
Erik war als Kind ziemlich schüchtern. Heute ist er ziemlich frech.
Alles war ziemlich aufregend, deshalb sind wir geblieben.
Der Verkehrslärm wirkt doch ziemlich störend.

Denke dir 5 eigene Sätze mit dem Übungswort aus und schreibe sie auf.

ungefähr

Name, Datum

Die Bahnfahrt wird ungefähr
sechs Stunden dauern.
Lasse mich wissen, wann du
ungefähr da sein wirst.
Die Batterie hält ungefähr ein
halbes Jahr lang.
Der Braten soll ungefähr
zwei Stunden schmoren.
Diese Freundlichkeit kommt
sicher nicht von ungefähr.
Ein Ereignis kommt selten
von ungefähr.

Denke dir 5 eigene Sätze mit „ungefähr“ aus und schreibe sie auf.

es geschieht

Name, Datum

Was gestern geschehen ist,
geschieht heute wieder.
Das Wunder geschieht:
Tim schlägt die Augen auf.
Was geschieht mit den
Essensresten im Restaurant?
Der Bach tritt über die Ufer;
das geschieht öfter im Jahr.
Es geschieht dir recht, dass
du nun zu Fuß gehen musst.
Was geschehen muss,
geschieht.

Denke dir 5 eigene Sätze mit dem Übungswort aus und schreibe sie auf.

Stolz Verlag Kurze Texte zum Abschreiben 6. Sj. Best.-Nr. 436

Kunkurrenz

Name, Datum

Im Begriff Konkurrenz steckt das lateinische Wort „concurrere“, das heißt um die Wette laufen.
Konkurrenz ist ein Wettkampf um die besten Plätze. Geht es dabei fair zu, dann ist Konkurrenz gut.
Um alle begehrten Güter gibt es Konkurrenz.
Die Geschäftsleute machen einander Konkurrenz.

Denke dir 5 eigene Sätze mit dem Übungswort aus und schreibe sie auf.

Ergebnis, Zeugnis

Name, Datum

Das Ergebnis der Zwischenprüfung war recht gut. Wie das Zeugnis ausfallen wird, wissen wir nicht.
Erfolg ist das Ergebnis von Fleiß und Zielstrebigkeit.
Morgen wird das Ergebnis der Untersuchung vorliegen.
Tims Fleiß wird im Zeugnis lobend erwähnt.
Der Chef stellt der Schreibkraft ein gutes Zeugnis aus.

Denke dir 5 eigene Sätze mit den Übungswörtern aus und schreibe sie auf.

interessieren

Name, Datum

Das Wort Interesse kommt aus dem Lateinischen: „esse“ bedeutet „sein“. Und „inter“ heißt „dazwischen, mittendrin“. Interesse haben heißt mittendrin sein.
Was interessiert dich?
Interessierst du dich mehr für Musik oder für Sport?
Oder hast du etwa Interesse daran, richtig schreiben zu lernen? Nur zu!

Denke dir 5 eigene Sätze mit dem Übungswort aus und schreibe sie auf.

parallel

Name, Datum

Das ist ein verflixtes Wort: parallel. Es schreibt sich mit drei l. Merke dir: parallel mit zwei l vor und einem l nach dem e.
Zwei gerade Linien, die sich nicht schneiden, verlaufen parallel.
Die beiden Straßen sind parallel zueinander angelegt.
Beim Computer gibt es eine parallele Schnittstelle.

Denke dir 5 eigene Sätze mit dem Übungswort aus und schreibe sie auf.

Stolz Verlag   Kurze Texte zum Abschreiben 6. Sj.   Best.-Nr. 436

dunkelrot, hellblau

Name, Datum

Die schweren Vorhänge
haben eine dunkelrote Farbe.
Der Kirschensaft im Glas
leuchtet dunkelrot.
Am Horizont färbt sich der
Himmel allmählich dunkelrot.
Der Hubschrauber hebt ab
und steigt in den hellblauen
Morgenhimmel.
Der Anorak des vermissten
Mannes ist hellblau.

Merke: Farbadjektive mit dunkel- oder hell- werden zusammengeschrieben. Denke dir 5 eigene Sätze mit den Übungswörtern aus und schreibe sie auf.

vorwärts, rückwärts

Name, Datum

Der Zug rollt vorwärts.
Das Auto fährt vorwärts in
die Gasse hinein.
Anschließend fährt es
rückwärts wieder hinaus.
Kannst du das Alphabet
vorwärts und rückwärts
aufsagen?
Einen Schritt vorwärts, zwei
rückwärts: vorwärts sollst du
gehen, nicht rückwärts!

Denke dir 5 eigene Sätze mit den Übungswörtern aus und schreibe sie auf.

gar nicht

Name, Datum

Die Wendung „gar nicht“ wird immer getrennt geschrieben. Der Salat sieht gar nicht frisch aus. Viel Fleisch zu essen soll gar nicht gesund sein.
Die Fahrt mit dem Bus ist gar nicht so teuer. Aber heute fährt der Bus gar nicht. Ich habe die Fahrkarte noch gar nicht gekauft.

Denke dir 5 eigene Beispielsätze aus und schreibe sie auf.

mitkommen, mit-

Name, Datum

Willst du mitkommen?
Emil und Erna wollen auch mitkommen.
Und was ist, wenn Hans ebenfalls mitwill?
Wollen wir ihn mitnehmen?
Jeder, der gerne mitsingen und mitfeiern will, ist herzlich willkommen.
Beim Volleyball wollen alle mitspielen.
Wir können alles mithören.

In diesen Fällen kommt mit- ans Verb! Denke dir 5 eigene Sätze aus und schreibe sie auf.

Rückgrat

Name, Datum

Das Rückgrat wird auch Wirbelsäule genannt und ist Teil des Skeletts. Oft wird das Wort Rückgrat ohne g geschrieben, das ist falsch.
Es heißt: Rück-grat.
Das Wort Rückgrat wird auch im übertragenen Sinn verwendet. Wenn jemand standhaft ist und an seiner Überzeugung festhält, dann sagen wir, er habe Rückgrat.

Denke dir 5 eigene Beispielsätze aus und schreibe sie auf.

Stadt, städtisch

Name, Datum

Wir fahren heute mit dem Bus in die Stadt. Im Stadtzentrum steigen wir aus. In der Innenstadt gibt es viele Einkaufspassagen.
Die Stadtbewohner scheinen es immer eilig zu haben.
Die Arbeiter des städtischen Fuhrparks halten die Straßen der Stadt sauber.
Was für ein nettes Städtchen!

Denke dir 5 eigene Sätze mit dem Übungswort aus und schreibe sie auf.

Leerkartei für eigene Übungen

Name, Datum

Leerkartei für eigene Übungen

Name, Datum

Leerkartei für eigene Übungen

Name, Datum

Leerkartei für eigene Übungen

Name, Datum

Stolz Verlag

Schneidhausener Weg 52, 52355 Düren, Tel. (02421) 5 79 79 info@stolzverlag.de